Römertopf®

Römertopf®

Zart gegart, gesund genießen

Elsa Petersen-Schepelern | Fotografiert von **Gus Filgate**

Die Deutsche Bibliothek - CIP-Einheitsaufnahme

Römertopf : zart gegart, gesund genießen / Elsa Petersen-Schepelern ; Gus Filgate. [Aus dem Engl. von Dorit Schäffler]. - Köln : DuMont, 2000
 (Monte von DuMont)
 Einheitssacht.: Claypot cooking <dt.>
 ISBN 3-7701-8548-X

Ich danke The Kasbah, Jerry's Home Store, Habitat, David Mellor und Heals in London für ihre Unterstützung sowie der Firma Römertopf® für die freundliche Erlaubnis, den Handelsnamen Römertopf® zu verwenden.

Mein Dank gilt außerdem Kirsten und Peter Bray, Anders Ousback, Imtiaz Quereshi, Veronica Valentina-Capezza, Janet Cato, Luc Vo Tan, Robert Roseman, Barbara Beckett, Richard Deutsh, Sheridan Lear und Tim.

Erstveröffentlichung durch
Ryland Peters & Small, Cavendish House,
51–55 Mortimer Street, London W1N 7TD, 1997

© Text: Elsa Petersen-Schepelern 1997
© Gestaltung und Fotografie: Ryland Peters & Small 1997,
(Fotografien: Gus Filgate)
Titel der englischsprachigen Originalausgabe:
claypot cooking

Aus dem Englischen von Dorit Schäffler
Redaktion und Satz der deutschsprachigen Ausgabe:
Agents – Producers – Editors, Overath

© 2000 der deutschsprachigen Ausgabe:
DuMont Buchverlag, Köln
Alle deutschsprachigen Rechte vorbehalten

Umschlaggestaltung: Groothuis und Consorten, Hamburg
Umschlagabbildung: © Stockfood/S. & P. Eising

Printed and bound in China
ISBN 3-7701-8548-X

Inhalt

6	**Kochen** im Tontopf
10	**Suppen** und Vorspeisen
18	**Fisch** und Meeresfrüchte
24	**Geflügel** und Wildgeflügel
38	**Fleisch**
52	**Gemüse** und Vegetarisches
60	**Desserts**
64	**Register**

Kochen im Tontopf

Traditionelle Ton-Kochtöpfe werden auf der ganzen Welt verwendet: in Marokko der Tajine mit konischem Deckel, in Spanien die offene Cazuela und in der Provence flache, offene Tians für das gleichnamige Gericht. Aus Keramik oder Steingut gibt es auch Hühnchenbräter, Tandoori-Töpfe, Kartoffel- oder Bohnentöpfe, Knoblauch- oder Zwiebeltöpfe, Soufflé- und Pie-Formen, glasierte Kasserollen und chinesische Sandsteintöpfe – alle für die unterschiedlichsten Gerichte hervorragend geeignet (besonders solche, die langsam garen).

Beachten Sie immer die Gebrauchsanweisungen des Herstellers; grundsätzlich sollte unglasierte Keramik wie Terracotta vor Gebrauch 10–20 Minuten gewässert und niemals mit Spülmittel oder in der Geschirrspülmaschine gereinigt werden, da der Ton sonst beschädigt wird. Bereiten Sie keine stark gewürzten Gerichte wie Curry oder Fisch darin zu, da sich deren Aroma festsetzt und das anderer Gerichte verdirbt. Man stellt glasierte Keramik nie leer auf den Herd und alle Tontöpfe immer in den kalten Ofen, bevor man ihn auf die richtige Temperatur bringt (beim Gasherd stufenweise).

Einige Tontöpfe werden traditionellerweise auf dem Herd verwendet, wobei es sich jedoch empfiehlt, eine hitzeverteilende Unterlage zwischen Herdplatte und Topf zu legen (ich persönlich verwende sie auf jeden Fall lieber im Ofen). Den marokkanischen Tajine kann man auch auf dem Grill verwenden; die Kohle sollte dabei am besten mit Sand abdeckt sein.

Steingut ist hitzebeständiger, da es bei 1264 °C gebrannt und in der Regel glasiert wird. Viele Keramikformen werden so hergestellt und können ohne Risiko in den vorgeheizten Ofen gestellt werden, aber beachten Sie trotzdem die Anweisungen des Herstellers. Stellen Sie niemals einen heißen Topf auf eine kalte Oberfläche.

Die Rezepte in diesem Buch sind für Tontöpfe gedacht, aber man kann ebenso Behälter aus Gußeisen oder rostfreiem Stahl verwenden. Metalltöpfe stellt man in den vorgeheizten Ofen und reduziert die Kochzeit entsprechend (in der Regel ca. 30 Minuten).

Gerichte, die Flüssigkeit enthalten, immer zuerst bei hoher Temperatur aufkochen und dann bei reduzierter Temperatur weiterköcheln lassen. Wie lange es dauert, bis die hohe Temperatur erreicht ist, hängt vom jeweiligen Ofen ab.

1. Spanische Keramik-Cazuela, hier aus Terrakotta
2. Unglasierter Terrakotta-Hühnchenbräter
3. Marokkanischer Terrakotta-Tajine mit Grillform
4. Chinesischer Sandsteintopf, innen glasiert, mit Draht verstärkt
5. Tandoori-Topf aus Terrakotta (Verwendung wie ein Hühnchenbräter)
6. Unglasierter Römertopf® aus Terrakotta (er ist Teil einer ganzen Reihe von Kochgefäßen aus Steingut)
7. Glasierte Keramik-Kasserolle
8. Kartoffelröster aus Steingut, mit und ohne Deckel verwendbar
9. Knoblauchröster aus Terrakotta
10. Knoblauchröster aus Steingut
11. Feuerfeste weiße Keramikformen, vielseitig einsetzbar, zum Beispiel für Pies, Gratins, Soufflés oder Tians
12. Zwiebeltopf aus Terrakotta, mit und ohne Deckel verwendbar
13. Bohnentopf aus Keramik, auch als Kartoffeltopf verwendbar

Kochen im Tontopf

Die herzhafte Suppe aus Schweden schmeckt im neuen Gewand sogar manchem Schweden besser! Beim Original gart man die Erbsen mit einem großen Stück Speck, das vor dem Anrichten in die Suppe geschnetzelt wird. Wenn Sie die Erbsen vor dem Kochen 30 Minuten einweichen, ist das Gericht noch schneller fertig.

Schwedische Erbsensuppe
mit knusprigem Speck, Crème fraîche und Kräutern

Die ersten 7 Zutaten in einem glasierten Bohnentopf oder einer Ton-Kasserolle in den kalten Ofen stellen und bei 200 °C (Gas Stufe 3) aufkochen lassen. Temperatur auf 150 °C reduzieren (Gas Stufe 1) und ca. 20 Minuten garen. Die Erbsen sollten weich, aber noch ganz sein; gegebenenfalls 5–10 Minuten weiter garen. Gewürznelken, Lorbeerblätter und Orangenschale entfernen. Für eine cremigere Konsistenz im Mixer oder in einer Küchenmaschine pürieren, notfalls portionsweise. Senf einrühren und würzen. (Für eine hellere Farbe Möhre und Zwiebeln vor dem Pürieren entfernen.) Speck inzwischen in Streifen schneiden und knusprig braten. Die Suppe dann mit 1 EL Crème fraîche, knusprigem Speck und kleingehacktem Schnittlauch oder Petersilie servieren.

450 g gelbe Splittererbsen
1 l heiße Fleischbrühe
2 Zwiebeln, *längs halbiert*
1 Möhre, *in dicken Scheiben*
6 Gewürznelken, *in die Zwiebeln gesteckt*
3 frische Lorbeerblätter
3 lange Streifen Orangenschale
4 EL Dijonsenf
Salz und schwarzer Pfeffer

Zum Anrichten

4 Scheiben Räucherspeck oder 8 dünne Scheiben Pancetta
4 EL Crème fraîche
Schnittlauch oder Petersilie

Für 4 Personen

Suppen und Vorspeisen

Bohnen dürfen unter keinen Umständen vor dem ersten Garen gesalzen werden, sonst bleiben sie selbst nach stundenlangem Kochen noch hart! Dieses Rezept eignet sich auch als Beilage für gebratenes Lamm – einfach die Bohnen ganz lassen, abgießen und in Salz und Olivenöl wenden. Andere Bohnensorten, etwa Flageolet-Bohnen, eignen sich ebenso.

Italienische Bohnensuppe
mit Rosmarin und Knoblauch

125 ml Olivenöl
1 große Zwiebel, *in Ringen*
1 frischer roter Chili, entkernt, *in Ringen*
6 Knoblauchzehen, *4 gepreßt, 2 in Scheiben*
2 Tomaten, *enthäutet, entkernt und gehackt*
2 Möhren, *grobgewürfelt*
3 Kartoffeln, *grobgewürfelt*
2 Selleriestangen, *feingewürfelt*
350 g Wirsingkohl, *kleingeschnitten*
2 Rosmarinzweige
Salz und frisch gemahlener schwarzer Pfeffer
getoastete Ciabatta-Scheiben, zum Anrichten

Cannellini-Bohnen

250 g Cannellini-Bohnen
1 Zwiebel, *in Ringe geschnitten*
1 Möhre, *geviertelt*
1 großer Rosmarinzweig
4 Knoblauchzehen, *leicht zerdrückt*

Für 4 Personen

Die Bohnen über Nacht mit kaltem Wasser bedeckt einweichen. Abgießen, abspülen und mit Zwiebel, Möhre, Rosmarin und Knoblauch in einen Bohnentopf geben. Mit Wasser bedecken, in den kalten Ofen stellen und bei 200 °C (Gas Stufe 3) aufkochen lassen. Temperatur reduzieren und behutsam garen. Die Flüssigkeit in einen Meßbecher abgießen und mit kochendem Wasser auf 1 l auffüllen. Bohnen in eine Schüssel geben, Gemüse und Gewürze entfernen. Die Bohnen mit Salz bestreuen und die Hälfte in einer Küchenmaschine pürieren; dann alle Bohnen in den ausgespülten Tontopf zurückgeben.

100 ml Öl in einer Pfanne erhitzen. Zwiebel und Chili mit Salz bestreut glasig und weich braten. Gepreßten Knoblauch zugeben und goldbraun braten. Mit Tomaten, Gemüse, Rosmarin und der Flüssigkeit zurück in den Topf geben und im heißen Ofen aufkochen lassen. Temperatur auf 180 °C (Gas Stufe 2) reduzieren, 30 Minuten garen und nach Geschmack würzen. Restliches Öl erhitzen, Knoblauchscheiben darin goldbraun braten. Rosmarin entfernen und die Suppe in vorgewärmte Suppenteller gießen, mit goldbraunem Knoblauch bestreuen und getoastetem Ciabatta servieren.

Einer meiner Lieblingsköche ist Anders Ousback, durch den Sydney zu einem kulinarischen Erlebnis geworden ist. Eines seiner besten Sommergerichte ist gebackener Knoblauch mit Ziegenkäse, Toast und Raukeblättern. Ich verwende in meiner Variation griechischen Haloumi-Käse und einen würzigen Salat. Drücken Sie das nussige Knoblauchfleisch aus den Zehen und verteilen Sie es über dem Käse.

Gerösteter Knoblauch
mit Käse und Blattsalaten

Die Knoblauchknollen entweder ganz lassen oder oben einen ›Deckel‹ abschneiden. Mit Olivenöl bestreichen und leicht salzen (nach Belieben; Knoblauch wird so schneller weich). In einem Knoblauchtopf oder einem kleinen glasierten Tontopf in den kalten Ofen stellen und bei 200 °C (Gas Stufe 3) ca. 40 Minuten garen, bis die Zehen weich und cremig sind. Kurz vor dem Servieren die Vinaigrette anrühren (Vorsicht mit dem Salz, da Haloumi-Käse sehr salzig sein kann).

Auf jedem Salatteller etwas gemischten Salat anrichten. Eine gußeiserne Pfanne erhitzen und mit Olivenöl einreiben. Die Haloumi-Käsescheiben darin nebeneinander einige Minuten von jeder Seite goldbraun braten (Achtung – das geht sehr schnell). Auf den Tellern anrichten. Die Pinienkerne in die Pfanne geben, einige Male darin schwenken. Nach ca. 30 Sekunden goldbraun über den Salat streuen. Den gebackenen Knoblauch und Kapuzinerkresseblüten zugeben, die Vinaigrette darüber träufeln (oder mit einen Handzerstäuber sprühen) und servieren.

Suppen & Vorspeisen

4 große Knoblauchknollen

Olivenöl (siehe Rezept)

gemischte Salatblätter, wie Mizuna
 (Schnittkohl), junger roter Mangold,
 Rauke, Brunnenkresse, Löwenzahnblätter
 oder Kapuzinerkresse

2 Haloumi-Käse, ca. 250 g, *in 5 mm dicke
 Scheiben geschnitten* (alternativ eignet
 sich auch Feta-Käse)

2 EL Pinienkerne

Kapuzinerkresseblüten (falls erhältlich)

Milde japanische Vinaigrette

1 EL heller Reisessig

6 EL natives Olivenöl extra

viel frisch gemahlener schwarzer Pfeffer

Meersalz, nach Geschmack

Für 4 Personen

Suppen & Vorspeisen

Ein Klassiker aus dem Nahen Osten, meist mit kleinen Vögeln wie Wachteln oder Stubenküken zubereitet. Mit Hühnerschenkeln geht es einfacher (man kann den Knochen auch herauslösen, obwohl er dem Gericht mehr Aroma verleiht). Ohne Geflügel als vegetarisches Gericht servieren. Für hungrige Gäste oder als Hauptgericht einfach die Mengen verdoppeln.

Gefüllte Auberginen
auf Harissa-Couscous

4 mittelgroße Auberginen, Schale abgezogen (nach Belieben), *längs halbiert*
4 Hühnerschenkel (nach Belieben)
4 EL Olivenöl
2 Zwiebeln, *in Ringe geschnitten*
3 Knoblauchzehen, *zerdrückt*
6 reife Eiertomaten, *enthäutet, entkernt und gehackt*
Salz und schwarzer Pfeffer
frischer Schnittlauch, *kleingeschnitten, zum Anrichten*

Pikanter tunesischer Harissa-Couscous
500 g Instant-Couscous
500 ml kochende Hühner- oder Gemüsebrühe
2 TL Harissa-Paste
1 EL Butter
2 EL frischer Schnittlauch, *kleingeschnitten*

Für 4 Personen

Auberginenhälften in der Mitte aushöhlen, salzen und 30 Minuten ruhen lassen. Abspülen, trockentupfen und von allen Seiten in Ofen oder Pfanne leicht braun grillen bzw. braten. Beiseite stellen. Ausgeschabtes Fleisch klein hacken und beiseite stellen. Hühnchen im Ofen grillen oder in der Pfanne leicht braun braten. Olivenöl in einer großen Pfanne erhitzen. Zwiebeln darin glasig braten, Knoblauch zugeben und 1 Minute mitbraten. Tomaten und Auberginenfleisch zugeben, aufkochen lassen und eindicken. Einige Löffel der Masse auf dem Boden eines Tontopfes mit Deckel verteilen. 4 Auberginenhälften (ausgehöhlte Seite nach oben) darauf anrichten. Jede Aushöhlung mit 1 EL der Masse füllen und ein Stück Fleisch darauf legen. Noch 1 EL Sauce zugeben; die übrigen Auberginenhälften darauf verteilen. Restliche Sauce darum verteilen und würzen. Zugedeckt bei 200 °C (Gas Stufe 3) 1 Stunde schmoren, bis das Hühnchen gar ist. Couscous in einer feuerfesten Schüssel mit Hühnerbrühe übergießen und in den letzten 5 Minuten mit in den Ofen stellen. Abgießen; Harissa, Butter und Schnittlauch mit einer Gabel durchziehen. 1–2 EL auf jeden Teller geben, Auberginen und Sauce zugeben und mit Schnittlauch bestreuen.

Fisch und Meeresfrüchte

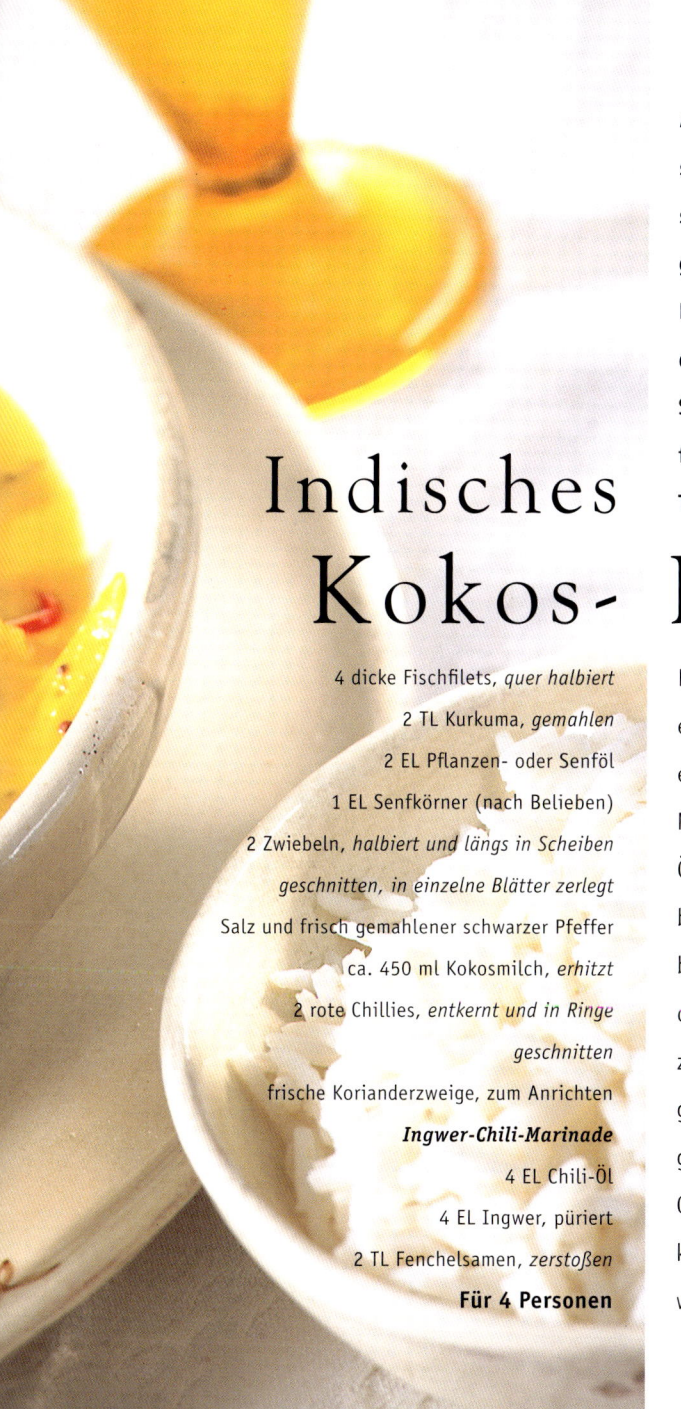

Indisches Kokos-Fischcurry

An der Westküste Indiens liegt die ehemalige portugiesische Kolonie Goa. Einige der delikatesten Fischgerichte sind hier aus den Kochkulturen beider Länder hervorgegangen. Eine Ingwer-Chili-Marinade verleiht einfachsten Fischsorten ein wunderbares Aroma; zum Kochen verwendet man Pflanzenöl oder Ghee, aber Sie können auch Senföl aus dem Asiengeschäft nehmen. Verwenden Sie für Fisch und andere aromatische Gerichte glasierte Tonformen.

4 dicke Fischfilets, *quer halbiert*
2 TL Kurkuma, *gemahlen*
2 EL Pflanzen- oder Senföl
1 EL Senfkörner (nach Belieben)
2 Zwiebeln, *halbiert und längs in Scheiben geschnitten, in einzelne Blätter zerlegt*
Salz und frisch gemahlener schwarzer Pfeffer
ca. 450 ml Kokosmilch, *erhitzt*
2 rote Chillies, *entkernt und in Ringe geschnitten*
frische Korianderzweige, zum Anrichten

Ingwer-Chili-Marinade
4 EL Chili-Öl
4 EL Ingwer, *püriert*
2 TL Fenchelsamen, *zerstoßen*

Für 4 Personen

Für die Marinade Chiliöl, Ingwer und Fenchelsamen in einer flachen Schüssel mischen. Den Fisch mit Kurkuma einreiben und in der Marinade 2 Stunden oder über Nacht marinieren lassen.

Öl in einer Pfanne erhitzen, die Senfkörner darin braten, bis sie aufplatzen. Dann die Zwiebeln weich und goldbraun braten. Den Fisch zugeben und bei starker Hitze ca. 2 Minuten goldbraun braten; nach Geschmack würzen. Kokosmilch, restliche Marinade und Chillies zugeben. Aufkochen lassen und in einen vorgewärmten glasierten Tontopf geben. Den Fisch im vorgeheizten Ofen bei 230 °C (Gas Stufe 4) in 5–10 Minuten gar köcheln. Mit Korianderzweigen und indischen Beilagen wie Basmatireis oder Papads servieren.

Ich lernte dieses Gericht zunächst in Form eines kalt servierten Salats auf einer Piazza in Siena kennen. Dies hier ist eine warme Version mit frischem Thunfisch statt dem üblichen Dosenfisch. Das finde ich besser! Üblicherweise werden weiße Cannellini-Bohnen verwendet, aber ich mag den Geschmack und die schöne grüne Farbe der Flageolet-Bohnen; außerdem ist das der beste Weg, um Bohnen aufzubrauchen, die bei anderen Gelegenheiten übriggeblieben sind. Das Gericht eignet sich als Vorspeise oder auch – mit viel grünem Salat und frisch gebackenem knusprigem Brot – als Mittagessen.

Tonno e Fagioli al Forno

4 EL Olivenöl

2 Zwiebeln, *in feine Ringe geschnitten*

3 dicke Knoblauchzehen, *zerdrückt*

1 kg grüne Flageolet- oder weiße Cannellini-Bohnen oder eine Mischung aus beidem, *gekocht oder aus der Dose*

Meersalz und frisch gemahlener schwarzer Pfeffer

1 großes Thunfischsteak, ca. 250 g

Zum Anrichten

4 EL frisches Basilikum, *kleingeschnitten*, und noch einige Zweige extra

Für 4 Personen

Die Hälfte des Öls in einer Pfanne erhitzen. Die Zwiebelringe darin weich und glasig dünsten. Den Knoblauch zugeben, gut rühren und 1 Minute goldbraun braten. Die Bohnen einrühren, nach Geschmack mit Salz und frisch gemahlenem schwarzem Pfeffer bestreuen, dann scharf anbraten. Die Hälfte der Bohnen in einen glasierten Tontopf mit Deckel geben, den Thunfisch darauf legen und die verbleibende Bohnenmischung löffelweise zugeben. Mit dem restlichen Olivenöl beträufeln und abgedeckt im Ofen bei 200 °C (Gas Stufe 3) ca. 20 Minuten garen. Den Fisch herausnehmen: Er sollte saftig sein und leicht auseinanderfallen. Andernfalls einige Minuten weiter garen, dann herausnehmen und von Haut und Gräten befreien. Das kleingeschnittene Basilikum einrühren.

Bohnen und Thunfisch auf 4 tiefe Teller verteilen und mit Basilikumzweigen bestreuen. Mit knusprigem Brot und italienischem Rotwein servieren.

Die schnellste und einfachste Bouillabaisse aller Zeiten – zwar nicht so prachtvoll wie das südfranzösische Original, aber viel leichter zuzubereiten! Ich persönlich finde diese Methode angenehmer, da der Fisch dabei fester und aromatischer bleibt. Garnelen und Kammuscheln sollten erst ganz zum Schluß in der kochenden Brühe gegart werden. Verwenden Sie als weißen Fisch festfleischige Sorten wie Dorsch oder Hai, als roten z. B. Red Snapper. Zum Schluß können ca. 1 kg Muscheln zugegeben werden – einfach mit 250 ml Weißwein in einem Topf dünsten, bis sie sich öffnen.

Bouillabaisse

Für die Rouille Eigelb, Knoblauch, Chilipaste und Tomatenmark in einer Küchenmaschine kräftig durchmixen. Olivenöl wie bei der Zubereitung von Mayonnaise nach und nach zugeben. Wenn die Mischung richtig dick ist, Zitronensaft einrühren, würzen und in eine kleine Schüssel füllen.

Bei kleinen Kalmaren die Tentakeln direkt unter den Augen abschneiden, den Tintensack abdrücken und den Körpersack direkt über den Augen abtrennen. Die Augen entfernen und die Fischteile abspülen.

Öl in einer Pfanne erhitzen, Zwiebeln darin glasig dünsten, Knoblauch zugeben und 1 Minute weiter dünsten. In eine vorgewärmte, glasierte Kasserolle mit Deckel geben, kochende Brühe, Wein, Safran und Gewürze zugeben und im Ofen bei 200 °C (Gas Stufe 3) 10 Minuten kochen lassen. Weißen und roten Fisch sowie Kalmare zugeben und noch einmal vorsichtig aufkochen. Garnelenschwänze und Muscheln zugeben. Mit getoastetem Baguette und Rouille servieren.

22 Fisch & Meeresfrüchte

250 g kleine Kalmare (nach Belieben)

2 EL Olivenöl

2 große Zwiebeln, *in feine Ringe geschnitten*

4–6 Knoblauchzehen, *zerdrückt*

1 l kochende Fischbrühe

125 ml Weißwein

2 Prisen Safranfäden, *30 Minuten in kochendem Wasser eingeweicht* (oder 2 Päckchen Safranpulver)

Salz und frisch gemahlener schwarzer Pfeffer

250 g weißes Fischfilet, ohne Gräten

250 g rotes Fischfilet, ohne Gräten

500 g rohe Garnelenschwänze, *geschält und ohne Darmfaden*

8 Jakobsmuscheln (*große diagonal halbiert*)

Baguettescheiben, *mit Knoblauch und Olivenöl eingerieben, dann getoastet,* zum Anrichten

Für die Rouille

1 Eigelb

1 Knoblauchzehe, *zerdrückt*

1 TL scharfe rote Chilipaste

1 EL Tomatenmark

250 ml Olivenöl

1 EL Zitronensaft

Meersalz

Für 4 Personen

Geflügel

und Wild

Die neue Version eines traditionellen marokkanischen Gerichts, serviert mit Couscous oder Kichererbsen-Tajine und Frühlingsgemüsen (siehe Seite 54). Die eingelegten Zitronen koche ich lieber gleich von Anfang an mit, statt sie, wie üblich, am Ende zuzugeben. Oliven gehören zwar eigentlich dazu, aber ich lasse sie gerne weg, und obwohl Ingwer normalerweise nicht verwendet wird, bekommt dieses Gericht durch ihn noch mehr Schwung.

Marokkanisches Hühnchen
mit eingelegten Zitronen

1 Hühnchen aus Freilandhaltung
4 Knoblauchzehen, *in feine Splitter geschnitten*
2,5 cm frischer Ingwer, *in feine Splitter geschnitten*
2 EL Olivenöl
2 große Zwiebeln, *geraspelt*
2 Prisen Safranfäden, *30 Minuten in kochendem Wasser eingeweicht* (oder 2 Päckchen Pulver)
2 Zimtstangen
Schale von 1 eingelegten Zitrone, *in Streifen geschnitten* (selbst zubereitet oder gekauft)*
12 kleine schwarze Oliven (nach Belieben)
Salz und frisch gemahlener schwarzer Pfeffer
Korianderzweige
Instant-Couscous, zum Anrichten

Für 4 Personen

Die Hühnerbrust einritzen und mit Knoblauch und Ingwer spicken. Öl in einer Pfanne erhitzen und das Hühnchen von allen Seiten goldbraun braten. In einen Tajine oder einen anderen Tontopf geben. Geraspelte Zwiebeln, Safran, Zimtstangen und Zitronenschale zugeben. 250 ml Wasser zugießen, abdecken, in den kalten Ofen stellen und bei 230 °C (Gas Stufe 4) aufkochen lassen. Temperatur auf 150 °C (Gas Stufe 1) reduzieren und in 1½–2 Stunden gar köcheln lassen. Oliven einrühren, würzen, Koriander zugeben und mit Couscous servieren.

*Für eingelegte Zitronen die Frucht so vierteln, daß sie an einem Ende zusammenhält. 1 EL Salz in jede Zitrone geben; mit Nelken, Zimtstangen und Lorbeerblättern in ein Einmachglas geben. 6 EL Salz und Saft von 2 Zitronen zugeben, mit kochendem Wasser auffüllen, luftdicht verschließen und nach 2 Wochen verarbeiten.

Geflügel & Wild

Ein indischer Tandoor ist ein großer Lehmofen, in dem Fisch, Fleisch, Geflügel und Brote zubereitet werden. Mittlerweile sind bei uns kleinere, auch für den Grill geeignete Tandoori-Tontöpfe erhältlich. Das Gewürz Ajwain ist in Asiengeschäften erhältlich; falls Sie es nicht bekommen, verwenden Sie Fenchelsamen. Manche Restaurants fügen dem Gericht rote Speisefarbe zu, aber viele indische Köche bevorzugen die natürliche Farbe der Gewürze.

Tandoori-Hühnchen

1 kg Hühnerbrust, *in dünnen Streifen*
Limettenspalten, Korianderzweige und würzige Salatblätter, zum Anrichten

Tandoori-Paste

2 EL Pflanzenöl
2 TL Senfsamen
2 TL Koriandersamen
2 TL Ajwain oder Fenchelsamen
1 TL rote Chiliflocken
1 TL Kurkuma, *gemahlen*
Salz und schwarzer Pfeffer
1 EL frischer Ingwer, *gerieben*
1 EL frisches Knoblauchpüree
2 EL Sesamöl
4–5 EL Naturjoghurt
3 EL Crème double
2 EL Zitronen- oder Limettensaft
2 EL frischer Koriander, *gehackt*

Für 4 Personen

Für die Tandoori-Paste die Hälfte des Öls in einer Pfanne erhitzen. Senfsamen zugeben und erhitzen, bis sie aufplatzen. Koriandersamen, Ajwain oder Fenchelsamen, Chiliflocken, Kurkuma, Salz und Pfeffer zugeben und 1 Minute anbraten, bis sich das Aroma entfaltet hat. Ingwer und Knoblauch zugeben und braten, bis der Knoblauch goldbraun ist. Die restlichen Zutaten der Paste mit den gebratenen Würzzutaten in der Küchenmaschine zu einer glatten Creme verarbeiten.

Hühnerfleisch auf Edelstahl- oder eingeweichte Bambusspieße stecken, auf einem Teller mit der Tandoori-Paste übergießen und darin wenden, bis sie ganz überzogen sind. Wenigstens 30 Minuten kalt stellen.

Anschließend den Tandoori-Topf nach Hersteller-Anweisung vorbereiten. Spieße hineinlegen und ca. 8 Minuten darin garen. Mit dem restlichen Öl begießen und weitere 2 Minuten braten, bis das Fleisch gar ist.

Alternativ kann auch ein Grill verwendet werden. Dafür eine Grillpfanne mit Öl einreiben; Spieße darin ca. 5 Minuten von einer Seite knusprig braten, dann 3 Minuten von der anderen Seite. Mit Limettenspalten, Korianderzweigen und Salatblättern servieren.

Eine neue Variation des französischen Klassikers. Es ist mittlerweile üblich, die traditionelle Kräutermischung nur noch in das Halsende des Hühnchens zu füllen, bevor man es zusammenbindet. Den Rest können Sie, wie unten beschrieben, in Musselintücher wickeln.

Poule au Pot

Für die Füllung das Brot in Stücke reißen und in einer Schüssel mit Milch einweichen, dann überschüssige Milch ausdrücken und das Brot in die ausgespülte Schüssel zurückgeben. Öl in einer Pfanne erhitzen und Speck darin knusprig braten. Zu den Brotkrumen geben. Zwiebel glasig braten, dann Knoblauch zugeben, 1 Minute mitbraten und ebenfalls in die Schüssel geben. Estragon und geschlagenes Ei untermischen. Den Hühnerhals füllen; die restliche Mischung in ein Musselintuch binden. Olivenöl in der Pfanne erhitzen und das Hühnchen von allen Seiten braun braten. In einen glasierten Tontopf geben. Großes Gemüse und Knoblauch bräunen und in den Topf geben. Bratensatz mit Weißwein ablöschen und in den Topf geben. Kohl zusammenbinden und mit den Kräutern neben das Hühnchen legen; würzen und mit Brühe bedecken. In den kalten Ofen stellen. Bei 230 °C (Gas Stufe 4) aufkochen, dann bei reduzierter Temperatur 1½–2 Stunden köcheln lassen, bis das Fleisch sehr weich ist. Nach 1–1½ Stunden kleine Zwiebeln in der Pfanne anbräunen und mit dem kleinen Gemüse und dem Rest Füllung im Topf weich garen. Zum Servieren das Hühnchen auf einer großen Platte mit kleinem Gemüse, ausgewickelter Füllung und Kohl rundherum anrichten. Mit Frühkartoffeln, Bratensaft und hausgemachter Mayonnaise servieren.

1 Hühnchen aus Freilandhaltung
4 EL Olivenöl oder Butter
2 große Zwiebeln, geviertelt und 12 kleine Zwiebeln oder Schalotten
je 1 große Möhre, Pastinake und weiße Rübe, *in Scheiben geschnitten*
je 6 junge Möhren, Pastinaken und weiße Rüben
6 Knoblauchzehen
250 ml Weißwein
1 kleiner Kohlkopf, z. B. Wirsing
1 Bund frische Kräuter (*Bouquet garni*)
Salz und schwarzer Pfeffer
500 ml Hühnerbrühe

Estragonfüllung

6 Scheiben altbackenes Brot ohne Rinde
125 ml Milch
1 EL Olivenöl
4 Scheiben Räucherspeck oder Pancetta (nach Belieben), *kleingeschnetzelt*
1 Zwiebel, *feingewürfelt*
2 Knoblauchzehen, *zerdrückt*
1 EL frische Estragonblatter, *gehackt*
1 Ei, *geschlagen*

Zum Anrichten

gekochte Frühkartoffeln, *in Butter und kleingeschnittenem Schnittlauch geschwenkt*
250 ml Mayonnaise oder Aioli

Für 4 Personen

Geflügel & Wild

Ein sehr leichtes Rezept. In thailändischen Geschäften gibt es viele Auberginensorten: erbsengroße, stachelbeergroße mit grünen und roten Streifen, dann hellgrüne, weiße und hellgelbe in Eiergröße und blaßgrüne in Gurkenform. Statt dieser exotischen Sorten können Sie auch kleine chinesische oder japanische Auberginen verwenden oder, längs halbiert und gewürfelt, sogar eine große violette.

8–12 Hühnerschenkel

2 EL Maiskeimöl

1 EL Chili-Öl

2 Zimtstangen

1 EL Ingwer, *püriert oder gerieben*

6 ganze Knoblauchzehen

Thailändisches Hühnchen
mit Auberginen in Kokosmilch

Zutaten für die Marinade in einem flachen Gefäß mischen, die Teile des Hühnchens darin wenden und abgedeckt 30 Minuten oder über Nacht kalt stellen.

Maiskeim- und Chili-Öl in einem Wok oder einer Pfanne erhitzen. Zimtstangen, Ingwer und Knoblauch darin 1 Minute anbraten. Das Hühnchen zugeben und braun braten. Die Schalotten in einer kleinen Schale mit kochendem Wasser übergießen und enthäuten (bei großen die Tochterzwiebeln trennen); mit dem Hühnchen braten. Marinade, Auberginen, kleingeschnittene Kaffir-Limettenblätter, Limettenschale, Zitronengras, Chillies und Kokosmilch zugeben und vorsichtig erhitzen. In einen chinesischen Sandsteintopf oder flachen glasierten Tontopf mit Deckel geben. In den kalten Ofen stellen und bei 230 °C (Gas Stufe 4) aufkochen lassen. Temperatur sofort reduzieren und 45 Minuten köcheln lassen, bis das Hühnchen gar ist. Mit thailändischem Duftreis servieren.

Für 4 Personen

6 Schalotten (oder 24 kleine asiatische Schalotten)

ca. 500 g Auberginen (siehe Einleitung)

6 Kaffir-Limettenblätter (nach Belieben)

Schale von 1 Limette, *gerieben*

2 Stengel Zitronengras, *längs halbiert und angedrückt*

2 rote Chillies, entkernt, *in Ringen*

500 ml Kokosmilch

gedämpfter Duftreis, zum Anrichten

Pikante Marinade

2 EL Ingwer, *püriert oder gerieben*

6 Knoblauchzehen, *zerdrückt*

1 TL Kurkuma, *gemahlen*

2 EL Chili-Öl

2 EL thailändische Fischsauce

2 EL helle Sojasauce

Dum Pukht bezeichnet eine nordindische Garmethode (*dum* bedeutet »gedünstet«). Ich lernte sie zum ersten Mal durch Imtiaz Quereshi, einen der besten Köche Indiens und Meister im Dum Pukht, kennen. Lamm, Truthahn oder andere Fleischsorten sind für dieses Rezept ebenfalls geeignet. Imtiaz bedeckt das fertige Gericht mit einer Haube aus Blätterteig und bäckt ihn goldbraun. Der Teig wird bei Tisch aufgeschnitten, was traumhaft duftet!

Dum-Pukht-Hühnchen

2 EL Pflanzenöl

2 EL Ingwer, *gerieben*

6 Knoblauchzehen, *zerdrückt*

1 EL rote thailändische Chilipaste

wahlweise 2 Päckchen Safranpulver, eine große Prise Safranfäden oder 2 TL Kurkuma

1 EL Garam Masala

1 Hühnchen aus Freilandhaltung, *enthäutet, mit Knochen*

250 ml Joghurt

125 ml Crème double oder Crème fraîche

Saft von 1 Zitrone

2 Zwiebeln, *in Spalten und einzelne Blätter zerlegt*

2 Tomaten, *enthäutet, geviertelt und entkernt*

1 rote Paprika, *geschält, gewürfelt*

1 EL Sojasauce

ca. 125 g grüne Erbsen, *enthülst*

Für 4 Personen

Die Hälfte des Öls in einer Pfanne erhitzen und Ingwer, Knoblauch, Chilipaste, Safran und Garam Masala einige Minuten darin braten, bis die Gewürze ihr Aroma entfalten. Dann in eine große, flache Form geben. Das Hühnerfleisch mehrfach bis zum Knochen einschneiden, in die Form geben und wenden, bis es gut mit den Gewürzen bedeckt ist. Die Gewürze in die Einschnitte reiben. Joghurt, Crème fraîche, Sojasauce und Zitronensaft einrühren und ca. 30 Minuten marinieren lassen.

Das restliche Öl in einer Pfanne erhitzen und die Zwiebeln darin weich und an den Rändern braun braten. Die Hühnermischung in einen glasierten Tontopf geben; Pfanneninhalt, Tomaten und rote Paprika zugeben. Fest mit Folie und Deckel verschließen und bei 200 °C (Gas Stufe 3) bis zum Siedepunkt erhitzen (nicht aufkochen lassen, sonst gerinnt der Joghurt). Bei reduzierter Temperatur ca. 20 Minuten weiter köcheln lassen. Erbsen zugeben, Deckel wieder schließen und noch ca. 15 Minuten garen.

Mit anderen indischen Gerichten wie pikanten Kichererbsen (siehe Seite 57), gedämpftem Basmatireis und Naan-Brot servieren.

Truthahnfleisch ist mager, bekömmlich und mit erlesenen mediterranen Gewürzen geschmort eine Delikatesse. Nehmen Sie eine kleine Truthahnbrust oder einen der äußerst aromatischen Oberschenkel (er reicht für 4 Personen oder 2 mit wirklich großem Hunger). Sie können den Speck auch weglassen und den Braten mit etwas Sojasauce bestreichen.

Truthahn-Schmorbraten
mit Knoblauch, Pancetta und Rosmarin

Das Fleisch auf der Oberseite mehrmals einschneiden und mit Knoblauchscheiben und kleinen Rosmarinzweigen spicken. Den Braten in Pancetta einwickeln. Öl in einer Pfanne erhitzen, die Zwiebeln darin glasig dünsten und den zerdrückten Knoblauch 2 weitere Minuten mitbraten. Eine Schicht Zwiebeln und Knoblauch auf den Boden eines gewässerten Römertopfes® oder anderen Tontopfes geben, dann Lorbeerblätter und große Rosmarinzweige zugeben. Den Braten darauf legen und mit Olivenöl bestreichen. Wein oder Brühe zugießen; mit Pfeffer bestreuen. In den kalten Ofen stellen und bei 200 °C (Gas Stufe 3) ca. 1½ Stunden schmoren, bis das Fleisch gar ist (Dauer je nach Bratengröße). Bei der Garprobe mit einem Spieß in den dicksten Teil stechen; der austretende Bratensaft sollte klar und ohne rote Spuren sein. Gegebenenfalls wieder in den Ofen stellen und weiter schmoren lassen. Mit einem Gemüsegericht aus diesem Buch oder Kartoffelpüree mit sonnengetrockneten Tomaten, im Ofen gegrilltem Gemüse und grünem Blattsalat servieren.

1 Truthahnschenkel oder -brust
9 Knoblauchzehen, *3 in feine Scheiben geschnitten, die restlichen 6 zerdrückt*
8 sehr kleine Zweigspitzen und 2 große Zweige Rosmarin
4–6 Scheiben Pancetta oder Räucherspeck
2 EL Olivenöl
3 rote Zwiebeln, *in Ringe geschnitten*
2 frische Lorbeerblätter
250 ml Weißwein oder Hühnerbrühe
viel frisch gemahlener schwarzer Pfeffer
Für 4 Personen

Hühnchenbräter sind etwas Wunderbares, und besonders Wildgeflügel profitiert von dieser sanften Garmethode, bei der Fleisch schön saftig bleibt. Es kann sowohl heiß als auch kalt serviert werden und eignet sich ideal für ein Picknick. Verwenden Sie bei doppelter Menge eine größere Form wie den Römertopf®.

Fasan im Terrakotta-Bräter

5 kleine Thymianzweige
2 Knoblauchzehen, *1 zerdrückt, 1 in Scheiben geschnitten*
1 Fasan
Schale und Saft von ½ Orange
3–4 Scheiben Pancetta (nach Belieben)
½ EL Olivenöl
viel frisch gemahlener schwarzer Pfeffer

Brotsauce (nach Belieben)
3 dicke Scheiben Bauernbrot
150 ml Wasser
½ Zwiebel, *in Ringe geschnitten*
1 Knoblauchzehe, *zerdrückt*
1 Lorbeerblatt
3 Gewürznelken
1 EL Butter, *zerlassen*
3–4 EL Crème double
Salz und frisch gemahlener schwarzer Pfeffer

Für 2 Personen

1 Thymianzweig und die zerdrückte Knoblauchzehe in den Fasan geben. Thymianzweige und Knoblauchscheiben zwischen Schenkeln und Körper sowie Flügeln und Körper befestigen. Auf der Brust ein Stück Orangenschale anrichten. Die Brust mit Pancettascheiben einwickeln und in einen gewässerten Hühnchenbräter legen. Mit Olivenöl bestreichen, Orangensaft darüber gießen, mit Pfeffer bestreuen und in den kalten Ofen stellen. Bei 200 °C (Gas Stufe 3) ca. 1½ Stunden braten, bis das Fleisch weich ist. Für die Brotsauce inzwischen das Brot in einer Küchenmaschine zu Krumen verarbeiten. Wasser, Zwiebel, Knoblauch, Lorbeerblatt und Nelken in einem Topf aufkochen lassen, dann beiseite stellen, damit sich das Aroma entfaltet.

Kurz vor dem Servieren noch einmal erhitzen und auf die Brotkrumen abseihen. Zerlassene Butter und Crème double einrühren und nach Geschmack würzen. Wenn die Sauce zu fest ist, noch etwas Crème double zugeben. Den Fasan mit der Brotsauce, Gemüsen nach Wahl und einem knackigen Salat dazu servieren.

Geflügel & Wild

Ein Rezept, das auch für andere Fleischsorten geeignet ist. Am Vortag zubereiten, Fleisch und Gewürze herausnehmen, die Brühe abseihen und das Fett abschöpfen. Vor dem Servieren langsam wieder erwärmen.

Knoblauch-Lammhachse
mit Rosmarin

Das Öl in einer Pfanne erhitzen und die Lammhachsen von allen Seiten braun anbraten. Aus der Pfanne nehmen und die Zwiebeln darin weich und glasig dünsten, dann den Knoblauch weitere 2 Minuten mitbraten. Möhren, Lorbeerblätter, Rosmarin und Tomaten einrühren. Die Hachsen dicht nebeneinander in einen gewässerten Römertopf® oder einen anderen Tontopf legen. Den Pfanneninhalt zugeben, dann mit Rindfleischbrühe bedecken. In den kalten Ofen stellen, bei 230 °C (Gas Stufe 4) aufkochen und dann bei 180 °C (Gas Stufe 2) 1–2 Stunden köcheln lassen, bis das Fleisch sehr weich ist. Über Nacht kalt stellen; Möhren, Kräuter und abgeschöpftes Fett entfernen.

Die Brühe gegebenenfalls auf ca. 500 ml einkochen, dann das Fleisch wieder darin erhitzen. Auf einem Bett aus Puy-Linsen mit gegrillten Zwiebeln servieren.

4 große oder 8 kleine Lammhachsen

2 EL Olivenöl

3 rote Zwiebeln, *in Ringe geschnitten*

6 Knoblauchzehen, *zerdrückt*

3 große Möhren, *in große Stücke geschnitten*

2 frische Lorbeerblätter

3 Rosmarinzweige

6 große, frische, reife Tomaten, *enthäutet, geviertelt und entkernt, oder ca. 500 g italienische Eiertomaten aus der Dose*

ca. 600 ml Rindfleischbrühe (siehe Rezept)

Salz und frisch gemahlener schwarzer Pfeffer

Zum Anrichten

Puy-Linsen, *gekocht*

Zwiebeln, *im Ofen gegrillt*

Für 4 Personen

Fleisch

Gepökeltes Rindfleisch ist ein herrliches jüdisches Gericht. Auch Lamm läßt sich so zubereiten: Bitten Sie Ihren Metzger, eine Lammschulter oder -keule zu pökeln. Wenn dies nicht möglich ist, nehmen Sie gepökeltes Rindfleisch oder leicht geräucherten Schinken.

Gepökeltes Lamm mit Papayasauce

1 Lammkeule, *gepökelt*, gepökeltes Rindfleisch oder geräucherter Schinken
2 Zwiebeln, *mit 4 Nelken gespickt*
4 Möhren, *in dicke Scheiben geschnitten*
2 Selleriestangen, *grobgehackt*
2 frische Lorbeerblätter
2 dicke Petersilienzweige, *zerstampft*
1 großer Rosmarinzweig
2 Thymianzweige
1 Streifchen Orangenschale
6 Knoblauchzehen, *zerdrückt*

Papayasauce

250 g Papaya
2 Paprika, 1 rote und 1 gelbe
1 roter Chili, *entkernt und gewürfelt*
1 EL frischer Ingwer, *gerieben*
6 Cornichons, *in feine Scheiben geschnitten*
6 EL frische Korianderblätter
Schale und Saft von 3 Limetten
Meersalz und schwarzer Pfeffer

Für 4–6 Personen

Das Fleisch auf dem Herd in einer Pfanne mit kaltem Wasser bedeckt langsam aufkochen lassen. Herausnehmen, abspülen und in einen gewässerten Römertopf® oder glasierten Tontopf geben. Mit Gemüse, Kräutern, Orangenschale und Knoblauch umgeben und mit Wasser bedecken.

In den kalten Ofen stellen, bei 230 °C (Gas Stufe 4) aufkochen und dann bei 160 °C (Gas Stufe 1–2) 2–3 Stunden köcheln lassen, bis das Fleisch zart und weich ist. Dann das Fleisch auf eine Servierplatte geben, etwas Brühe darüber träufeln, abdecken und warm stellen. Etwas Brühe in einen kleinen Krug seihen und beiseite stellen. Kräuter, Knoblauch und Gemüse entfernen.

Für die Sauce die Papaya schälen, entkernen, würfeln und in eine Schüssel geben. Paprika schälen, putzen und würfeln; mit Chili, Ingwer und Cornichons ebenfalls in die Schüssel geben. Koriander, Limettensaft und -schale einrühren und beiseite stellen, damit sich das Aroma entfaltet. Das Fleisch tranchieren, mit ein wenig Brühe beträufeln und heiß mit der pikanten kalten Sauce und ein paar Salatblättern servieren.

Hinweis: Übrig gebliebenes Fleisch eignet sich sehr gut für Sandwiches.

Chinesisches Schweinefleisch

Der sogenannte rote Schmorbraten ist typisch für die chinesische Küche. Insbesondere Schweinefleisch oder Geflügel wird in einer stark gewürzten Brühe aus Sojasauce, Reiswein, Fünf-Gewürz-Pulver und anderen Gewürzen geschmort. Das Aroma läßt sich noch durch helle oder durch eine Mischung von heller und dunkler Sojasauce verstärken. Da nicht jeder den Geschmack des traditionell verwendeten Sternanis und des Fünf-Gewürz-Pulvers mag, ist Sieben-Gewürz-Pulver eine gute Alternative. Chinesische Köche seihen die Brühe ab, um sie einzufrieren und immer wieder zu verwenden (ihr Aroma wird dadurch immer intensiver).

ca. 1 kg Schweinefleisch, z. B. Rippchen, am Stück
1 EL chinesisches 5-Gewürz-Pulver
500 ml Reiswein
750 ml Hühnerbrühe
500 ml Sojasauce
2 EL Zucker
10 Knoblauchzehen, *zerdrückt*
2 EL Reisessig
2 Zimtstangen
3 cm frischer Ingwer, *in Scheiben geschnitten*
2 Sternanise (nach Belieben)
2 Stücke getrocknete Mandarinenschale (nach Belieben)
6 Frühlingszwiebeln, *in Ringe geschnitten*
Für 4 Personen

Schweinefleisch unter fließendem kaltem Wasser abspülen und mit Küchenpapier trockentupfen. Das Fünf-Gewürz-Pulver darüber streuen und gut in das Fleisch reiben.

In einem Topf Reiswein, Hühnerbrühe, Sojasauce, Zucker, Knoblauch und Reisessig zusammen mit Zimtstangen, frischem Ingwer, Sternanis und Mandarinenschale aufkochen und einige Minuten köcheln lassen, bis sich das Aroma entfaltet.

Das Fleisch in einen chinesischen Sandsteintopf oder anderen glasierten Tontopf geben. Frühlingszwiebeln zugeben und die Brühe zugießen.

Bei 230 °C (Gas Stufe 4) aufkochen, dann bei 160 °C (Gas Stufe 1–2) 2–3 Stunden köcheln lassen (je nach Größe und Form des Bratens).

Zum Servieren das Schweinefleisch in Scheiben schneiden und mit Reisnudeln oder anderen chinesischen Gerichten servieren. Alternativ mit Kartoffelpüree, mit etwas Brühe beträufelt, servieren.

Ein befreundeter amerikanischer Journalist meint, daß gutes Sauerkraut erst mit Gin richtig interessant wird. Während des langsamen Garens verdunstet der Alkohol, und nur der zitronige Wacholdergeschmack bleibt. (Zur Sicherheit einige zerdrückte Wacholderbeeren zugeben!) Wie viele langsam gegarte Fleischgerichte ist dieses Rezept gesünder und schmeckt noch besser, wenn man das Fleisch vor der weiteren Verarbeitung kalt stellt (am besten über Nacht) und entfettet.

Choucroute Garnie

8 dicke Scheiben Schweinerippchen, in Scheiben geschnittenes mageres Bauchfleisch oder 4 Schweinekoteletts
Weißwein, z. B. Riesling (siehe Rezept)
2 frische Lorbeerblätter
2 Salbeizweige
2 Zwiebeln, *in feine Ringe geschnitten*
1 Möhre, *längs geviertelt*
6 Knoblauchzehen, *zerdrückt*
1 EL Wacholderbeeren, *zerstoßen*
125 ml helle Brühe (Geflügel oder Kalbfleisch)
250 ml Gin
Salz und schwarzer Pfeffer
500 g Sauerkraut aus der Dose, *unter fließendem kaltem Wasser gut abgespült*
Brunnenkressezweige, zum Anrichten

Für 4 Personen

Schweinefleisch in einer Schüssel mit Weißwein bedecken, Kräuter, Zwiebeln, Möhre, Knoblauch, Wacholder, Brühe und Gin zugeben. 2 Stunden oder über Nacht marinieren lassen.

In einem glasierten Tontopf bei 200 °C (Gas Stufe 3) aufkochen, dann bei reduzierter Temperatur ca. 1 Stunde köcheln lassen. Fleisch herausnehmen, Brühe abseihen und Fett abschöpfen. Eine Lage Fleisch auf den Topfboden legen, würzen, dann eine Lage Sauerkraut darüber geben. So fortfahren, bis Fleisch und Sauerkraut ganz aufgebraucht sind. Entfettete Brühe zugeben und wieder im Ofen aufkochen lassen. Temperatur auf 160 °C (Gas Stufe 1–2) reduzieren und 1½–2 Stunden köcheln lassen. Zum Servieren 1–2 EL Sauerkraut auf vorgewärmten Tellern anrichten und 2 Scheiben Fleisch darauf legen. Mit Brunnenkresse garnieren, Brühe darüber träufeln und mit neuen Kartoffeln und Bier oder Weißwein servieren.

Hinweis: Dieses Rezept ist auch ohne Sauerkraut ein Genuß. Das Fleisch ca. 1½–2 Stunden köcheln lassen und mit Senf-Kartoffelpüree servieren.

Dieser italienische Klassiker ist für die Zubereitung im Tontopf wie gemacht. Entscheidend ist dabei das langsame Garen bei niedriger Temperatur. Achten Sie darauf, daß das delikate Knochenmark im Knochen bleibt – viele Köche binden die Fleischstücke deshalb auch mit einem Faden zusammen. Ich nehme kleine Fleischstücke, damit das Verhältnis von Fleisch zu Mark und Knochen günstiger ist. Für dieses Rezept eignen sich auch Lammhachsen. Reichen Sie dazu Petersilien-Kartoffelpüree oder in Petersilie und Olivenöl geschwenkte Nudeln.

Ossobuco

3 EL Olivenöl
6 Zwiebeln, *in Ringe geschnitten*
4 große oder 8 kleine Scheiben Ossobuco, *mit gewürztem Mehl bestäubt*
6 Knoblauchzehen, *zerdrückt*
400 g Dosentomaten
1 Selleriestange, *fein gehackt*
eine Handvoll Oreganoblätter, *gehackt*
250 ml Rotwein
Kalbfleisch- oder Hühnerbrühe
Salz und schwarzer Pfeffer

Gremolata
3 EL frische Petersilie, *gehackt*
1 Knoblauchzehe, *sehr fein gehackt*
1 EL Zitronenschale, *gerieben*

Für 4 Personen

Das Olivenöl in einer Pfanne erhitzen, Zwiebeln mit Salz bestreuen und langsam glasig dünsten. Dann in einen gewässerten Römertopf® oder einen glasierten Tontopf geben. Das Fleisch in der Pfanne von allen Seiten braun braten (eventuell in 2 Portionen) und ebenfalls in den Topf geben. Knoblauch in der Pfanne goldbraun braten, Dosentomaten zugeben (oder frische, enthäutete, wenn sie sehr reif und süß sind). Sellerie und Oregano zugeben, dann alles in den Topf geben. Den Bratensatz mit Rotwein ablöschen und 2 Minuten kochen. Danach in den Topf geben. Das Ganze mit Hühner- oder Kalbfleischbrühe bedecken und in den kalten Ofen stellen. Bei 200 °C (Gas Stufe 3) 30 Minuten erhitzen, bis die Flüssigkeit kocht. Temperatur reduzieren und 2–3 Stunden köcheln lassen, bis das Fleisch zart und weich ist.

Zutaten für die Gremolata nach Belieben in einer Küchenmaschine mixen. Ossobuco mit Gremolata bestreut servieren.

Chillies erfreuen sich in Jamaika großer Beliebtheit, vor allem die brennend scharfe Scotch Bonnet. Mit einem Zahnstocher gelöchert, werden sie ganz in Suppen oder Eintöpfen mitgekocht (nicht zerbrechen, da sonst der Eintopf viel zu scharf wird). Statt Rindfleisch können Sie für dieses Rezept auch Lamm verwenden.

Karibisches Chili-Rindfleisch

1 gelbe Paprika, *geputzt und geviertelt*
3 große rote Zwiebeln, *in Spalten*
3 EL Maiskeim- oder Sonnenblumenöl
6 Knoblauchzehen, *zerdrückt*
3 EL Mehl
1 EL Paprikapulver
Salz und 1 EL zerstoßener schwarzer Pfeffer
1 EL frische Oreganoblätter, *gehackt*, und noch etwas zum Garnieren
1,5 kg Rindfleisch, *in 4 cm großen Würfeln*
2 EL brauner Zucker
250 ml dunkler Rum
3 Lorbeerblätter
½ TL Muskatblüte oder -nuß, *gerieben*
1 EL Limetten- oder Zitronensaft
1 Selleriestange, *fein gehackt*
1 kg reife Tomaten, *enthäutet und gehackt*
Wasser oder Brühe (siehe Rezept)
1 ganze Chilischote Habanero, *gelöchert*

Für 4–6 Personen

Die Paprika mit der Haut nach oben grillen, bis diese Blasen wirft. Geschwärzte Haut abziehen, das Fleisch würfeln und beiseite stellen.

Die Zwiebelspalten nach Belieben in Blätter zerlegen; dann das Öl in einer Pfanne erhitzen und darin goldbraun braten. Den Knoblauch 2 Minuten mitbraten und in einen glasierten Tontopf geben.

Das Mehl mit Paprikapulver, Salz, Pfeffer und gehackten Oreganoblättern mischen und das Fleisch damit bestäuben. Das Fleisch portionsweise in der Pfanne braun anbraten und in den Tontopf geben.

Den Zucker in der Pfanne sehr dunkel karamelisieren. Mit Rum ablöschen und köcheln lassen, bis die Flüssigkeit auf 2 EL reduziert ist. Lorbeerblätter, Muskatblüte oder Muskatnuß, Limetten- oder Zitronensaft, Sellerie, Tomaten und Paprikawürfel zugeben. In den Tontopf geben und mit Wasser oder Brühe bedecken. Zum Schluß den Chili zugeben.

Bei 200 °C (Gas Stufe 3) aufkochen lassen, dann bei 160 °C (Gas Stufe 1–2) 3 Stunden garen.

Aus dem Ofen nehmen, den Chili entfernen, Oreganozweige über das Fleisch streuen und mit Basmati-Duftreis servieren.

Eines der traditionellen Gerichte aus der französischen *Cuisine Grandmère* – zeitgemäß erweitert um Steinpilze! Ihr volles und rauchiges Aroma krönt das köstliche Rezept. Stellen Sie das fertige Gericht über Nacht kalt, entfernen Sie überschüssiges Fett und wärmen Sie es vor dem Servieren wieder auf.

Ochsenschwanz mit Steinpilzen

Die Hälfte des Öls in einer Pfanne erhitzen und die Zwiebelringe darin weich und glasig braten. In eine glasierte Kasserolle geben. Möhren und Pastinaken bräunen und in den Topf geben. Fleisch in der Pfanne braun anbraten, dann in den Topf geben. Mit kochender Brühe bedecken, Kräuter zugeben und zugedeckt in den kalten Ofen stellen. Bei 230 °C (Gas Stufe 4) aufkochen und dann bei reduzierter Temperatur 3–4 Stunden köcheln lassen, bis sich das Fleisch vom Knochen löst. Fleisch herausnehmen, abkühlen lassen und zugedeckt kalt stellen. Topfinhalt durch ein Sieb streichen; feste Bestandteile entfernen. Brühe abkühlen lassen und kaltstellen. Fett von der Oberfläche entfernen. Steinpilze am nächsten Tag 30 Minuten in 500 ml kochendem Wasser einweichen. Abspülen, die Flüssigkeit durch Filterpapier oder Musselintuch seihen. Restliches Öl in einer Pfanne erhitzen. Das kleine Gemüse darin 10–15 Minuten anbraten, bis die Zwiebeln goldbraun sind. Das Fleisch in den sauberen Topf geben, entfettete Brühe und Pilzwasser zugeben. Kleines Gemüse und Pilze darauf anrichten. Gut erhitzen, bis das kleine Gemüse so eben gar ist, und servieren.

6 EL Olivenöl

6 Zwiebeln, *in Ringe geschnitten*

3 große Möhren, *in dicke Stücke geschnitten*

3 Pastinaken, *in dicke Stücke geschnitten*

2 große Ochsenschwänze, *in Teile zerlegt* oder 1 kg Rippchen, *mit gewürztem Mehl bestäubt*

kochende Rindfleischbrühe (siehe Rezept)

1 frisches Kräutersträußchen (*Bouquet garni*), mit 2 frischen Lorbeerblättern

25 g getrocknete Steinpilze

8 kleine Möhren

8 kleine weiße Rüben

8 kleine Pastinaken

24 Perlzwiebeln

Salz und schwarzer Pfeffer

cremiges Kartoffelpüree, mit 2 EL Dijon-Senf verrührt, zum Anrichten

Für 4–6 Personen

Tian bezeichnet im provençalischen Dialekt eine flache Tonform wie auch die darin gekochten Gerichte. Bei den Zutaten können Sie kreativ sein und Änderungen vornehmen – ganz nach Ihrem Geschmackoder je nach Angebot auf dem Markt und Verwendung des Gerichts (z. B. als Vorspeise oder als Beilage zu Fleisch oder Geflügel).

Tian à la provençale

Die Tomaten mit der Schnittfläche nach oben auf ein Backblech legen und mit Knoblauchscheiben spicken. Im vorgeheizten Ofen bei 200 °C (Gas Stufe 3) 30 Minuten rösten, damit etwas Flüssigkeit entweicht. Auberginen und Zucchini mit Salz bestreuen und 30 Minuten stehen lassen, um die Flüssigkeit zu extrahieren; abspülen und trockentupfen. Die Hälfte des Öls in einer großen Pfanne erhitzen, die Zwiebeln darin weich und glasig braten und auf dem Boden eines Tians verteilen. Mit Salz und Pfeffer bestreuen.

Für die Gremolata Petersilie, Knoblauch und Zitronenschale zusammen hacken, dann mit Semmelbröseln und 2 EL Parmesan mischen. Auf dem Tian verteilen und mit dem restlichen Parmesan bestreuen. Mit Olivenöl beträufeln und bei 200 °C (Gas Stufe 3) 30–40 Minuten braun überbacken.

6 große, reife Tomaten, *halbiert*
4 Knoblauchzehen, *in feine Scheiben geschnitten*
2 große Auberginen, *in dicke Scheiben geschnitten*
3 gelbe Zucchini, *in dicke Scheiben geschnitten*
6 EL Olivenöl
2 große Zwiebeln, *in dicke Ringe geschnitten*
Salz und schwarzer Pfeffer
Gremolata *(nach Belieben)*
4 EL frische, glatte Petersilie, *gehackt*
6 Knoblauchzehen, *zerdrückt*
Schale von 2 Zitronen, *gerieben*
ca. 100 g Semmelbrösel
6 EL Parmesankäse, *gerieben*
Für 6 Personen

se und Vegetarisches

Marokkanischer Kichererbsen-Tajine
mit Frühlingsgemüsen

Tajines sind konische Terrakotta-Kochtöpfe aus Marokko sowie die darin gekochten Gerichte. Diese moderne Version des klassischen *Couscous aux sept légumes* gelingt aber auch in einem anderen Tontopf mit Deckel.

250 g getrocknete Kichererbsen
2 EL Olivenöl
2 Zwiebeln, *in Ringe geschnitten*
1–6 Knoblauchzehen, *zerdrückt*
1 TL Kreuzkümmelsamen
1 TL Koriandersamen, *zerdrückt*
1 Zimtstange
500 g Instant-Couscous
750 ml heiße Gemüse- oder Hühnerbrühe
2 EL Harissa-Paste
125 g kleine Frühkartoffeln, *ungeschält*
Salz und schwarzer Pfeffer
125 g Kürbis, *gewürfelt*
125 g Süßkartoffeln, *gewürfelt*
125 g junge Möhren
125 g kleine grüne und gelbe Zucchini
125 g junger Sommerkürbis, *halbiert*
75 g kleine französische Bohnen
75 g Zuckererbsen

Für 4 Personen

Kichererbsen über Nacht in kaltem Wasser einweichen. Abgießen. Das Olivenöl in einer Pfanne erhitzen und die Zwiebeln darin weich braten. Knoblauch, Kreuzkümmel, Koriander und Zimt 1 Minute mitbraten, dann auch die Kichererbsen 1 weitere Minute. Alles in einen gewässerten Bohnentopf oder Tajine geben, mit Wasser bedecken und abgedeckt in den kalten Ofen stellen. Bei 200 °C (Gas Stufe 3) aufkochen und bei reduzierter Temperatur ca. 2 Stunden köcheln lassen, bis die Kichererbsen weich sind.

Den Couscous in eine feuerfeste Schüssel geben, die kochende Brühe darüber gießen, Harissa einrühren und warm stellen.

Die Kartoffeln in den Topf geben, salzen und pfeffern und 10 Minuten kochen. Kürbis, Süßkartoffel und Möhren 10 Minuten mitgaren, dann für weitere 5 Minuten Zucchini, jungen Sommerkürbis, Bohnen und Zuckererbsen zugeben. Deckel wieder schließen und sofort servieren. Couscous gegebenenfalls abgießen, auf einer Servierplatte anrichten und mit dem Kichererbsen-Tajine servieren.

Hinweis: Kichererbsen und andere getrocknete Erbsen und Bohnen über Nacht einweichen, aufkochen und bei reduzierter Temperatur weich köcheln lassen. Rote Kidney-Bohnen müssen zunächst wenigstens 15 Minuten stark gekocht werden, um die Toxine zu zerstören.

Dieses Gericht ist unglaublich köstlich – und ganz einfach! Sie können die Zwiebeln auch schälen und mit Hühnerfleisch im Tian rösten.

Geröstete Zwiebeln mit Sardellen

4 Zwiebeln, *ungeschält, längs halbiert*
8–16 kleine Sardellenfilets
Meersalz
Für 4 Personen

Mit einem Teelöffel oder kleinen Messer die mittleren Blätter aus jeder Zwiebelhälfte herausheben. 1–2 Sardellenfilets in jede Aushöhlung stecken. Zwiebeln in einen Zwiebeltopf, einen Tajine, eine Kasserolle oder einen Tian legen und mit Salz bestreuen, damit sie schneller weich werden. In den kalten Ofen stellen und bei 200 °C (Gas Stufe 3) 40 Minuten garen, bis sie weich sind. Gegebenenfalls den Deckel entfernen und weiter garen, bis die Zwiebelränder goldbraun sind. Die Zwiebeln aus ihrer Schale drücken und mit gebratenem Fleisch oder auf Risotto servieren.

Pikante Kichererbsen

250 g getrocknete Kichererbsen, *eingeweicht*
Meersalz
1 EL Pflanzenöl
1 EL Ingwer, *frisch püriert*
1 EL Knoblauch, *frisch püriert*
1 EL Ajwain (nach Belieben)
1 TL rotes Chili-Pulver
1 TL Kurkuma, *gemahlen*
100 ml Naturjoghurt
50 ml Crème double
2 EL Limettensaft
Für 4 Personen

Die Kichererbsen abgießen und in einem Bohnentopf oder einer Kasserolle mit kaltem Wasser bedecken. In den kalten Ofen stellen, bei 200 °C (Gas Stufe 3) aufkochen und dann bei 150 °C (Gas Stufe 1) 2 Stunden köcheln lassen, bis sie gar sind (Dauer je nach Frische der Kichererbsen). Abgießen, salzen und in eine vorgewärmte Schüssel geben. Öl in einer Pfanne erhitzen und Ingwer, Knoblauch, Ajwain, Chili-Pulver und Kurkuma darin 1 Minute anbraten, bis der Knoblauch leicht golden ist. Joghurt und Crème double einrühren und langsam erhitzen. Limettensaft zugeben und alles über die Kichererbsen gießen. Gut vermengen. Heiß oder kalt servieren.

Eine köstliche Varation des Knoblauch-Rosmarin-Klassikers aus der Toskana.

Ofenkartoffeln
mit Salbei und Knoblauch

Olivenöl in einer Pfanne erhitzen. Knoblauch darin leicht braun braten. Kartoffeln in einen Kartoffeltopf geben und mit dem Knoblauch-Öl beträufeln. Salbeizweige, Lorbeerblätter und Meersalz zugeben und den Deckel schließen. In den kalten Ofen stellen und bei 200 °C (Gas Stufe 3) 1 Stunde garen, bis die Kartoffeln weich sind (Dauer je nach Größe der Kartoffeln).

3 EL Olivenöl
6 Knoblauchzehen, *zerdrückt*
500 g Frühkartoffeln
3 Salbeizweige
3 frische Lorbeerblätter
Meersalz

Für 4 Personen

Ein hervorragendes vegetarisches Gericht und die ideale Beilage zu Fleisch oder Geflügel für alle Nicht-Vegetarier!

Thailändische Süßkartoffeln

4 orangefleischige Süßkartoffeln
4–6 EL zerlassene Butter
2 EL Kaffir-Limettenschale, *gerieben*
1 TL Knoblauchpüree
2 EL Ingwerpüree

Für 4 Personen

Süßkartoffeln 1–2 Mal einstechen und in einen Kartoffel- oder einen anderen Tontopf geben. Mit Butter bestreichen und in den kalten Ofen stellen. Bei 200 °C (Gas Stufe 3) 30 Minuten garen, bis sie weich sind. Limettenschale, Knoblauch und Ingwer in einer kleinen Schüssel mit 1 EL Butter mischen. Jede Kartoffel anschneiden und mit der Mischung füllen. Weitere 5 Minuten in den Ofen stellen, dann servieren.

Gemüse & Vegetarisches

Mir schmeckt die exotische Tarte tatin mit Mango oder Ananas besser als die traditionelle Birnen- und Apfelvariante vor. Der Kontrast zwischen süßer Sauce, zartem Blätterteig und herrlicher Frucht – insbesondere der leicht säuerlichen Ananas – ist einfach umwerfend. Wir hatten Mangos und Ananas auf unserer Farm, und meine Mutter kreierte daraus unzählige Kochideen. Dies ist eine davon.

Tarte tatin mit Mangos

Die Butter in einer Pfanne zerlassen, den Zucker zugeben und unter Rühren goldbraun braten. Die Fruchtstücke zugeben und sorgfältig darin wenden. In eine Pie-Form aus Keramik geben. Den Blätterteig ausrollen, auf die Füllung legen und am Rand zusammendrücken, so daß die Ränder mit der Pie-Form abschließen. Ein paar Luftlöcher in den Teig schneiden und im vorgeheizten Ofen bei 200 °C (Gas Stufe 3) ca. 15 Minuten backen, bis der Teig aufgegangen und goldbraun ist. Vom Rand lösen, auf einen Teller stürzen und mit Crème fraîche oder Mascarpone servieren.

75 g Butter

75 g feiner Zucker

5 große Mangos, *geschält, in dicke Scheiben geschnitten,* oder 1 große Ananas, *geschält, vom Strunk befreit, in Spalten geschnitten und dann gedrittelt*

1 Paket tiefgekühlter Blätterteig

Crème fraîche oder Mascarpone, zum Anrichten

Für 4 Personen

Desserts

Rhabarber- und Quittenstreusel

Quitten sind mit Birnen und Äpfeln verwandt. Schneiden Sie sie in eine Schüssel mit Zitronenwasser, damit sie nicht braun werden. Wenn Sie keine Quitten bekommen (Saison ist im Spätherbst), eignen sich auch Äpfel. Quitten werden nur gekocht gegessen, und durch die Hitze bekommen sie ihre rosa Farbe. Ich reiche dazu gern saure Sahne oder Crème fraîche.

Die Zutaten für den Belag in einer Küchenmaschine zu feinen Streuseln verarbeiten. Rhabarber, Quitten und Ingwer in einer Pie-Form aus Keramik mit Zucker bestreuen. Streuselmischung darauf verteilen und bei 200 °C (Gas Stufe 3) ca. 40 Minuten backen. Der Fruchtsaft dringt dabei zwischen den hellen Streuseln hervor.

500 g junger Rhabarber, *in große Stücke geschnitten*
500 g Quitten, *geschält und in Scheiben geschnitten*
4 Ingwerpflaumen, *in feine Scheiben geschnitten*
6 EL feiner Zucker

Streuselbelag
2 EL feiner Zucker
6 EL Mehl
4 EL Butter

Für 4 Personen

Brotpudding

Ehrgeizige Köche haben bei diesem traditionellen englischen Dessert das Brot durch Brioche, Aprikosensandwiches oder Panettone ersetzt. Alle Variationen sind wunderbar, aber ich mag es doch am liebsten natur oder mit Rosinenbrot – und frischem Ingwerpüree, denn ich liebe Ingwer!

Butter und Ingwer mischen. Auf dem Brot verteilen. Die Scheiben mit der Kruste nach oben in eine große, gebutterte Pie-Form legen. Mit Sultaninen und Zucker bestreuen. Eier und Milch verquirlen, über das Brot gießen und 5 Minuten einweichen. Bei 180 °C (Gas Stufe 2) ca. 35–40 Minuten backen, bis das Brot aufgegangen, der Pudding fest und der Belag gebräunt ist. Mit Puderzucker bestäuben und mit flüssiger Sahne servieren.

550 g geschmolzene Butter, zum Verstreichen
1 EL Ingwer, *püriert (nach Belieben)*
6 Scheiben gutes Weißbrot, vorzugsweise italienisches (dick geschnitten)
2 EL Sultaninen
3 EL feiner Zucker
2 Eier, *leicht geschlagen*
600 ml Milch
Puderzucker, zum Bestäuben

Für 4 Personen

Register

a
Auberginen:
  Gefüllte, auf Harissa-Couscous 16
  Thailändisches Hühnchen mit, in Kokosmilch 30
Australisch:
  Gerösteter Knoblauch mit Käse und Blattsalaten 14
  Knoblauch-Lammhachse mit Rosmarin 38

b
Bohnen:
  -suppe, Italienische, mit Rosmarin und Knoblauch 12
  Tonno e fagioli al forno 20
Bouillabaisse 22
Brotpudding 62

c
Chili-Rindfleisch, Karibisches 48
Chinesisches Schweinefleisch 43
Choucroute Garnie 44
Couscous, Gefüllte Auberginen auf Harissa- 16
Curry, Indisches Kokos-Fisch- 19

d
Dum-Pukht-Hühnchen 32

e
Erbsensuppe, Schwedische, mit knusprigem Speck, Crème fraîche und Kräutern 10

f
Fasan im Terrakotta-Bräter 37
Fisch:
  Bouillabaisse 22
  Indisches Kokos-Fischcurry 19
  Tonno e fagioli al forno 20
Französisch:
  Bouillabaisse 22
  Choucroute Garnie 44
  Poule au Pot 28
  Tarte tatin mit Mangos 60
  Tian à la provençale 52

g
Gemüse:
  Marokkanischer Kichererbsen-Tajine mit Frühlings- 54
  Tian à la provençale 52
Gremolata:
  Ossobuco 47
  Tian à la provençale 52

h
Harissa-Couscous, Gefüllte Auberginen auf 16
Hühnchen:
  -Bräter 6, 8, 36
  Dum-Pukht- 32
  Marokkanisches, mit eingelegten Zitronen 25
  Poule au Pot 28
  Tandoori- 26
  Thailändisches, mit Auberginen in Kokosmilch 30

i
Indisch:
  Dum-Pukht-Hühnchen 32
  Kokos-Fischcurry 19
  Pikante Kichererbsen 57
  Tandoori-Hühnchen 26
Italienisch:
  Bohnensuppe mit Rosmarin und Knoblauch 12
  Geschmorter Ochsenschwanz mit Steinpilzen 50
  Tonno e fagioli al forno 20

k
Karibisches Chili-Rindfleisch 48
Kartoffeln:
  Ofen-, mit Salbei und Knoblauch 59
  Thai-Süßkartoffeln 59
Kartoffeltopf 6, 8
Käse, Gerösteter Knoblauch mit, und Blattsalaten 14
Knoblauch:
  -Lammhachse mit Rosmarin 38
  Gerösteter, mit Käse und Blattsalaten 14
Kokos:
  Indisches, -Fischcurry 19
  -milch, Thailändisches Hühnchen mit Auberginen in 30
Kichererbsen:
  Pikante 57
  -Tajine, Marokkanischer, mit Frühlingsgemüsen 54

l
Lamm:
  Gepökeltes, mit Papayasauce 40
  -hachse, Knoblauch-, mit Rosmarin 38

m
Mangos, Tarte Tatin mit 60
Marokkanisch:
  Kichererbsen-Tajine mit Frühlingsgemüsen 54
  Hühnchen mit eingelegten Zitronen 25
  Gefüllte Auberginen auf Harissa-Couscous 16

o
Ochsenschwanz, geschmorter, mit Steinpilzen 51
Ossobuco 47

p
Papayasauce, Gepökeltes Lamm mit 40
Poule au Pot 28

q
Quittenstreusel, Rhabarber- und 62

r
Rhabarber- und Quittenstreusel 62
Rindfleisch:
  Geschmorter Ochsenschwanz mit Steinpilzen 51
  Karibisches Chili- 48
Römertopf® 8, 34, 37, 40, 47
Rouille 22

s
Sardellen, Geröstete Zwiebeln mit 57
Schmorbraten, Truthahn-, mit Knoblauch, Pancetta und Rosmarin 34
Schwedische Erbsensuppe mit knusprigem Speck, Crème fraîche und Kräutern 10
Schwein:
  Chinesisches Schweinefleisch 43
  Choucroute Garnie 44
Steinpilze, Geschmorter Ochsenschwanz mit 51
Streusel, Rhabarber- und Quitten- 62
Süßkartoffeln, Thailändische 59
Suppe:
  Bouillabaisse 22
  Italienische Bohnen-, mit Rosmarin und Knoblauch 12
  Schwedische Erbsen-, mit knusprigem Speck, Crème fraîche und Kräutern 10

t
Tajine 6, 8
  Marokkanischer Kichererbsen-, mit Frühlingsgemüsen 54
Tandoori
  -Hühnchen 26
  -Topf 6,8
Tarte Tatin mit Mangos 60

Thailändisch:
  Hühnchen mit Auberginen in Kokosmilch 30
  Süßkartoffeln 59
Tian à la provençale 52
Tonno e fagioli al forno 20
Truthahn-Schmorbraten mit Knoblauch, Pancetta und Rosmarin 34

z
Zitronen:
  eingelegte 25
  Marokkanisches Hühnchen mit eingelegten 25
Zwiebeln, Geröstete, mit Sardellen 57